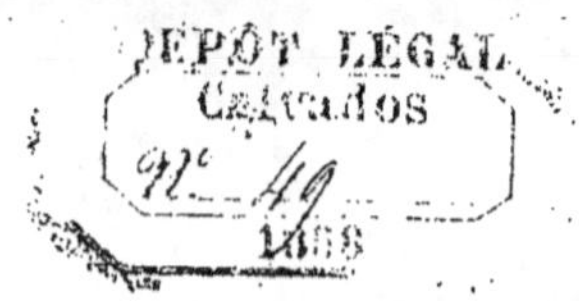

CAUSE PREMIÈRE

DE TOUTES LES

CRISES SOCIALES,

FINANCIÈRES, ALIMENTAIRES,

INDUSTRIELLES, ETC.

> Pastourage et labourage sont les deux
> mamelles de l'Etat.
>> *Un ancien économiste.*

> Que devrait être l'agriculture ?—Tout.
> Qu'est-elle ?—Rien.
>> *Un économiste moderne.*

PARIS,

E. DENTU, LIBRAIRE-ÉDITEUR,

PALAIS-ROYAL, GALERIE VITRÉE, 13.

1858.

CAEN.—IMP. DOMIN, SUCCESSEUR DE DELOS, COUR DE LA MONNAIE.

EXPOSÉ.

———

DÉSACCORD ENTRE LES INSTITUTIONS ET LES MŒURS.

La société est malade; voilà le fait malheureusement acquis. Le mal qui la tourmente est endémique et contagieux. Ce point est aussi incontestable. La France, plus impressionnable que les autres nations, a ressenti, la première, les atteintes de ce mal, qu'elle a propagé parmi les divers démembrements de la famille européenne. Un tel état de choses étant reconnu, il reste à examiner quelles en furent les causes, quel pourrait en être le remède. C'est le but que nous nous proposons.

Les premiers effets constatés datent du commencement du siècle, époque de régénération où commence l'application d'un nouveau régime. Dans l'organisation de la Constitution nouvelle, l'égalité enfanta l'industrialisme, cercle dans lequel doivent se mouvoir les sociétés à venir. Cet organisme fonctionne à l'aise sur les terres de l'Amérique, où il rencontre une civilisation vierge comme elles. Là, point d'obstacles, point de commotions. La semence ne trouve point de germes qui lui soient antipathiques ; le sol n'a point été épuisé par des cultures antérieures. Aussi cette société, ayant ses coudées franches, se déploie à l'aise. La liberté enfante l'industrie, l'industrie produit la richesse ; du bien-être particulier naît la prospérité nationale. Le crédit s'établit en raison de ces succès.

Les mêmes conditions n'existaient pas dans la vieille Europe, dont le sol labouré, dans tous les sens, par le glaive souvent ensanglanté de la féodalité, porte encore les traces des diverses dominations qui se sont appesanties sur elle. Ici, les croyances, les habitudes, les préjugés ont tracé un sillon profond où le développement des idées nouvelles est gêné. Aussi voit-on la France, pendant la première moitié de ce siècle, sous l'inspiration de cet honneur absolu, principe des anciennes monarchies, imposer la liberté par la conquête, anomalie glorieuse où la part de l'industrie n'est pas faite. C'est seulement alors que l'honneur national est largement satisfait, que le commerce prend son essor. Mais l'agriculture ne le suit pas dans la vaste carrière qui lui est ouverte : c'est un des symptômes les plus graves que présente notre époque. L'industrie terrière, la plus réelle, la plus solide, la première enfin chez une nation comme la France, est reléguée sur l'arrière-plan. C'est un grand mal, et ce mal domine les crises industrielles et financières dont nous pouvons être menacés comme le reste de l'Europe ; car si la France ancienne fut un soldat, ce soldat aujourd'hui doit se faire laboureur. Il ne faut pas l'oublier : à chaque peuple, sa mission ; à chaque époque, son caractère. L'harmonie et le bien-être sociaux sont à ce prix.

I.

CONDITIONS DE L'AGRICULTURE SOUS L'EMPIRE DES INSTITUTIONS
NOUVELLES ET DU MOUVEMENT INDUSTRIEL
QUI EN EST LA CONSÉQUENCE.

Il en est de quelques questions d'économie sociale comme
de ces édifices dont on a réparé successivement les parties,
lorsqu'un jour arrive où l'on reconnaît que l'ensemble pèche
par la base. L'agriculture de la France nous paraît, plus que
toute autre branche de l'administration du pays, subir l'in-
fluence de cet état de choses. Un premier coup d'œil suffit
pour le reconnaître. Si l'on approfondit les détails, on ap-
précie toute la justesse de la comparaison.

Les deux principes qui dominent l'ensemble de la législa-
tion française : l'égalité des citoyens et le partage égal des
héritages, ont créé un ordre de choses incompatible avec
l'exploitation du sol, telle qu'elle était pratiquée sous l'ancien
régime. Personne ne le niera, s'il a cultivé lui-même, ou s'il
a observé de quelle façon on cultive dans les divers départe-
ments qui divisent le territoire français. A cette proposition
incontestable, il existe une réponse simple et naturelle. Pourquoi ne pas ramener l'agriculture au mouvement commercial
de l'époque, en la faisant profiter du progrès industriel qui

en est à la fois le mobile et la conséquence ? Eh bien, c'est là précisément où se rencontre la première pierre d'achoppement.

La division des héritages rend difficiles les moyens matériels ; l'égalité des citoyens crée des aptitudes incompatibles avec leur exploitation. En un mot, si nos institutions sont démocratiques en principe, nos mœurs sont aristocratiques en fait, et cet instinct d'orgueil, comme tout ce qui n'a pas de raison d'être, au lieu de contribuer à l'harmonie, au bien-être de la famille, pousse à l'individualisme et à l'éparpillement.

Peut-être, en généralisant cette étude, entreprise au point de vue agricole seulement, trouverait-on la cause de ces accès de fièvre intermittente qui viennent, à des époques périodiques, jeter le trouble dans la constitution nationale. — Mais restons dans le règne végétal, et abordons seulement les personnalités, pour en tirer des exemples parlants. Supposons un propriétaire possédant un avoir de 200,000 francs. Ce patrimoine est ainsi divisé : 150,000 francs sont employés à l'acquisition d'un immeuble ; 50,000 francs restent pour subvenir aux frais de culture de cet immeuble. Les choses peuvent marcher ainsi. Mais donnez à ce propriétaire deux enfants. Il leur sera impossible, à la mort de leur père, de continuer sa façon de vivre ; et comme leur éducation et leurs habitudes leur présenteront la pensée d'exploiter la propriété d'un autre comme indigne d'eux, ils demanderont aux professions libérales ou aux offices publics une existence que la terre ne peut leur fournir. Que l'on généralise ou que l'on subdivise, on arrivera toujours là. Et si l'on réfléchit que le rendement du sol, quelque favorable qu'on le suppose, est aux produits offerts par les autres industries (même en ne faisant pas la part du jeu) comme *un* est à *quatre*, on comprendra que, pour qu'un Etat puisse voir l'exploitation *particulière* du sol prospérer, il faut qu'il y ait, dans cet Etat, une catégorie (casta) de propriétaires qui puisse vivre avec le *quart* du revenu de son capital. La prospérité de l'agriculture en Angleterre n'a pas d'autre cause. Et chose digne de remarque, à l'heure où nous écrivons ceci, la Russie, qui, moins aristocratique, ne pèche pas cependant par l'abus du principe démocratique, fait étudier un plan d'exploitation agricole dans lequel l'Etat entrerait pour beaucoup.

De ces deux points de comparaison que le cours de la discussion a fait surgir, sortira la moralité de ce qui va suivre. Et, d'abord, écartons les mots sur la portée desquels on n'est pas d'accord, pour n'interroger que le fond des choses. Reconnaissons que nous avons à élucider la première des questions *sociales*; apportons à cette étude la justesse de l'esprit et la droiture du cœur : le sens et l'instinct national ne se méprendront pas sur le but, quel que soit le nom que l'on donne au moyen. Que la science qui doit opérer l'harmonie sociale soit appelée du nom qu'on voudra, qu'importe s'il est reconnu qu'il y a quelque chose à faire ? Les bons esprits, les amis sincères du pays se mettront à la recherche de ce *desideratum* dont souffre la société, sans agitation, sans exagération, mais avec le calme et la persévérance que donne une conviction religieuse et patriotique.

Il ne faut pas se dissimuler que nous vivons à une époque de transition, de transformation. L'immortel propagateur de nos Codes ne s'y était pas mépris. Ses décrets de *dérogation* le prouvent. L'auteur de la charte *octroyée* qui lui succéda, en prétendant renouer la chaîne des temps par une application de la constitution étudiée en Angleterre, commit une royale utopie. Entre les lords de 1688 et les députés de 1789, il y a un océan ; il y eut aussi un abîme. Il faut aujourd'hui, instruits par l'expérience, traverser l'un, en louvoyant peut-être, mais surtout se garder de l'autre.

Il est des points de ralliement qui ne peuvent égarer. Ainsi, un économiste, qui fut le digne ministre d'un grand règne, a élevé un phare sur lequel ses successeurs doivent continuellement fixer les yeux dans leur difficile navigation. Ce qui était vrai, du temps de Sully, le sera toujours, comme ce qui repose sur une base naturelle primordiale. Plus tard, le signal de la régénération sociale est donné par l'émission d'un aphorisme célèbre. Paraphrasant ces deux axiômes en un seul, nous dirons aujourd'hui : Si l'agriculture est la mère nourrice de l'Etat, tout doit ressortir d'elle... Que ce point soit admis (et il ne peut ne pas l'être), nous aurons fait un grand pas, nous aurons gagné la proclamation du principe. Les conséquences en découleront naturellement, comme l'élément liquide prend sa place précisément en raison de la loi du niveau.

Un mémorable exemple nous est donné : c'est celui d'une grande nation prosternée sous le châtiment de la Providence, parce que *son exploitation du pays conquis fut immorale.* Lorsque l'Empire britannique s'accuse d'avoir abusé du droit de conquête, que la nationalité française voie si elle est en règle devant cette même Providence pour l'exploitation du riche pays qu'elle a reçu par droit de naissance.

L'agriculture *devrait être tout* dans notre pays : qu'y est-elle ?

Ce qu'elle est? Un accessoire, l'occupation des citoyens que l'âge et la faiblesse de moyens intellectuels éloignent des autres professions. —Quels sont ses comices ? Des assemblées illusoires où trônent la routine ou le système.— Quel est son budget? Le reste des autres ministères.... La Providence n'est-elle pas en droit de vous demander : Qu'avez-vous fait de votre mère? Vous avez exprimé les mamelles jusqu'au sang, sans ménager la source de vie qui, seule, peut les remplir. Prosternez-vous donc à votre tour, et changez de conduite, si vous ne voulez pas voir disparaître un jour dans un nouveau cataclisme ce temple idolâtre où vous avez déifié la valeur factice et corrompante, à la place de la richesse naturelle et moralisante.

Tout ceci n'est point une vaine phraséologie. C'est *matériellement* vrai, comme il l'est qu'en agriculture, un bon grain, bien semé, donne de dix à vingt bons grains ; tandis qu'en spéculation, cinquante ne font pas toujours cinquante et ne donnent presque jamais cent. Spéculez, s'il le faut ; mais spéculez sur des valeurs réelles, sur des denrées qui nourrissent l'Etat quand elles y restent, qui l'enrichissent quand elles en sortent ; et vous ne spéculerez jamais à faux.

II.

LE CRÉDIT, CONSIDÉRÉ COMME MOYEN ET RÉSULTAT D'UNE
EXPLOITATION RATIONELLE DE LA TERRE.

Chaque époque a un sentiment qui l'inspire, un instinct qui l'anime, un mobile qui la pousse.

Au moyen-âge, la foi inspira les croisades et dirigea l'érection des monuments religieux.

A nous le crédit. C'est encore la foi, ou au moins la croyance sans laquelle on ne fait rien de grand et de durable. Ce mobile a été bien défini par un économiste moderne ; nous y renvoyons nos lecteurs (1).

Le crédit, présidant aux grands travaux de l'époque, confirme cet axiôme : *La foi transporte les montagnes...* Sans lui, l'empire de la vapeur sur deux éléments était impossible ; aucune entreprise à larges proportions ne pourrait être tentée sans son aide. Ce point étant constaté, on se demande pour quel motif, lorsque les projets les plus extravagants,

---

(1) Lettre de M. Mirès à M. A. Dumas fils, à propos de la représentation de la *Question d'Argent*, au théâtre du Gymnase. (Voir les journaux de l'époque.)

les entreprises les plus chanceuses ont trouvé des actionnaires, il n'est venu à personne l'idée de baser une vaste spéculation sur un des plus fertiles territoires de l'Europe, exploité par une des nations les plus intelligentes et les plus actives des deux Mondes ?

Plus on approfondit cette question, moins on trouve à un pareil état de choses d'autre raison d'être, sinon *qu'il a toujours été...* Cette solution n'en est pas une; car, si les desseins de la Providence sont quelquefois impénétrables, les actes et les omissions des hommes ont toujours une cause saisissable et définissable, ne fût-ce que celle qui retarda la découverte d'un autre hémisphère. — *On n'y avait pas songé !*

Est-il possible que la combinaison économique et spéculative qui nous occupe ait échappé à l'œil de la science, au génie de l'inspiration, à l'instinct de l'industrie? Non, sans doute. La doctrine phalanstérienne de nos jours, les communautés religieuses du moyen-âge, les colonies grecques et romaines dans l'antiquité, les essais nouvellement tentés, tout devait mettre sur la voie. — Cependant, il n'apparaît dans l'histoire que des traces très-rares de l'application d'une pareille combinaison commerciale. On a rêvé l'exploitation du *Mississipi*, sous le règne du Régent ; nous assistons aux importations de l'or californien; on offrait encore hier à la Bourse des actions des mines du MOUSAÏA... Mais des actions des produits indigènes exploités, représentés et garantis par eux-mêmes, on n'y a pas songé !

Pourquoi ?

Allèguera-t-on l'incertitude du produit, l'inertie de son mouvement de gradation? Quoi de plus certain, de plus spontané, de plus régulier que la germination, la floraison, la maturité ! Le navire qui porte les échanges entre les deux Mondes, le caboteur qui établit la correspondance entre les continents limitrophes ou voisins, trouvent des expéditeurs, des assureurs; et les richesses naturelles indigènes ne trouveraient pas d'exploitants! Et il faut remarquer qu'aussitôt que le produit agricole entre dans le domaine de l'industrie, il participe à toutes les conséquences du mouvement commercial. C'est ce qui a eu lieu pour les lins, les chanvres, les vins, les laines, le miel, les beurres, les fromages, etc. Ce serait donc le produit brut et immédiat de la terre dont l'exploitation incomberait forcément à son possesseur ; et cela sous l'empire du Code Napoléon, avec les chambres de commerce, les sociétés d'assurance, les institutions de crédit ! Ce ne serait pas le stationarisme, mais le chaos. L'esprit humain peut sommeiller ; mais, soumis aux mêmes lois de rotation que le globe qu'il habite, il ne peut s'arrêter. Jusqu'à l'heure fixée par le Créateur, il faut qu'il tourne sur lui-même. De ce qu'un phénomène ne s'est point encore produit, il n'en faut pas conclure qu'il n'est pas dans l'ordre des choses possibles, mais seulement qu'il n'est point encore mûr au soleil de l'industrie. On nie le mouvement jusqu'au jour où surgit un homme qui prouve le mouvement en marchant ; on nie l'équilibre jusqu'au jour où l'équilibre s'opère par le centre de gravité. Alors la foule se pose sur cette base, suit ce mouvement qu'elle ne comprenait pas... C'est l'histoire de toutes les améliorations sociales.

L'exploitation du sol par l'industrie, par l'association, et provisoirement par l'Etat, utopie aujourd'hui, peut être la loi demain. Cette grande transformation est d'autant plus prochaine, peut-être, que la force des choses en amène chaque jour la nécessité. Un raisonnement logique, tiré de l'examen des faits, le prouvera facilement.

Le prix des denrées produites par les diverses parties du sol français est à peu près resté le même, depuis vingt ans (1). Admettons qu'il ait augmenté d'un quart, le prix des salaires, en moyenne, a haussé de moitié ; et il haussera en raison du développement à venir de l'industrie.—Déjà, dans plusieurs contrées, les bras manquent à l'agriculture. L'insubordination des domestiques est la conséquence de cet état de choses. Elle se combine avec l'ivrognerie, pour rendre l'exploitation rurale impossible...

---

(1) Il faut faire abstraction des hausses factices, des crises produites par les disettes et les épidémies.

Tels sont les faits constatés et irrécusables dont le Gouvernement se préoccupe. Aussi a-t-il pourvu à l'établissement du crédit sous toutes les formes : crédit foncier, crédit mobilier, etc., etc. De plus, il a favorisé les entreprises agricoles, telles que la compagnie du cheptel et autres. C'est quelque chose, sans doute. Est-ce assez? Qu'il nous soit permis d'en douter. Voici pourquoi : C'est qu'en faisant la recherche minutieuse du rendement le plus avantageux du sol exploité dans l'étendue du territoire français (sans la participation de l'industrie), déduction faite des frais de l'exploitation, et prélevant d'abord l'impôt voué, ainsi que la rente cotée, à une ascension progressive, on arrive à ce résultat : pour les fonds de premier ordre, de 4 à 5 p. °/₀ du capital ; de second ordre, de 3 à 4 ; de troisième ordre, de 1 à 2 1/2; de quatrième ordre, 0... Que ceux qui ne se sont pas livrés à cette profession, connue en Angleterre sous le nom de *Gentleman farmer*, prennent la chose au tragique, nous le comprenons ; mais nous les prévenons que nous parlons *preuves en main*. Mais, dira-t-on : les crédits foncier, mobilier, agricole, etc., pour qui ont-ils été établis? Eh mon Dieu! comme beaucoup d'institutions de ce monde, pour ceux qui n'en ont pas besoin. Quant à ceux qui voudraient y avoir recours, ils ne peuvent y atteindre. Pour eux, les crédits légaux et réguliers sont impossibles. La première condition exigée par les institutions susénoncées est une situation hypothécaire nette. Les banques philantropiques demandent des premières ou d'excellentes secondes inscriptions.—Des premières hypothèques chez le petit cultivateur? L'idée de les supposer peut venir à une philantropie émérite ; mais, dans la pratique, on sait bien qu'il n'y a ni première, ni seconde, ni troisième, ni aucune hypothèque sérieuse à obtenir de lui. Le crédit local, les banques plus ou moins légales ont passé par là.... Et si cet état de choses est applicable au petit propriétaire, que dira-t-on du petit fermier? Celui-là mange et boit ; voilà tout. Heureux quand il a mangé à sa faim et bu à sa soif...

Comparez à cette existence celle de ces messieurs qui,

bien logés, bien nourris, bien vêtus, déploient, aux appoin-
tements de 2,000 à 3,000 francs par an, des étoffes de 30 ou
40 francs le mètre, devant l'exquisite *fashion* de l'un et
l'autre monde; et dites si c'est là de l'égalité, non pas sociale, mais commerciale! Encore n'avons-nous interrogé que
le degré subalterne de l'échelle industrielle. Que serait-ce, si
l'on scrutait les bénéfices annuels de ces industriels qui, le
matin au *passage*, et le soir à *Arban*, vous offrent *dix quatre
et demi, dont deux sous;* ou toute autre phrase de leur argot
coulissier?... Ce sont là des mœurs américaines; et nous
sommes en France monarchie, quasi-monarchie, si l'on
veut, mais où, à ce titre, l'honneur réclame sa place à
côté du mercantilisme, cherchant à établir son règne absolu.

III.

ASSURANCE MUTUELLE DE L'INDUSTRIE ET DE L'AGRICULTURE.

Quelqu'un a dit : *On ne s'assied pas sur des baïonnettes...* Cela est vrai, jusqu'à un certain point; car l'histoire de toutes les époques offre la preuve qu'avec l'aide de la Providence, on peut s'établir, plus ou moins solidement, sur des baïonnettes *croisées*. Mais l'axiôme absolument juste, perpétuellement vrai, est celui-ci : *On ne bâtit pas sur la pointe d'une aiguille.* Or, en examinant à fond les divers systèmes de crédit public, anciens et modernes, on reconnaît que, généralement, ils ne reposent sur d'autre base que la confiance, sentiment moral, honorable pour le prêteur et l'emprunteur à la fois, mais qui n'est, en définitive, qu'un sentiment susceptible d'impressions, de variations, comme tout ce qui émane de l'esprit et du cœur humain. Il résulte de cet état de choses que la confiance suit les chances de fortune des gouvernements; qu'elle redouble ou s'altère, selon ces chances; que c'est dans les moments de crise, où son secours serait le plus utile, qu'on la trouve le moins; et qu'enfin, aux jours néfastes des catastrophes sociales, elle disparaît complètement.

Cette observation nous a porté à rechercher, pour les emprunts publics, une base réelle, matérielle, invariable. Nous avons examiné s'il ne serait pas possible d'harmonier les choses, pour que tout le monde fût intéressé à la conservation, à l'amélioration de cette base ; de telle sorte que la prospérité générale fût à la fois la cause et la garantie du crédit public comme du bien-être particulier, essentiellement solidaires l'un de l'autre. L'idée est bien simple, comme on peut le voir. Eh bien, en entrant dans les détails de l'application, on reconnaît qu'ils participent de la simplicité de l'idée première. Examinons-les.—La France recèle une portion notable de terrains vagues encore inexploités. Qu'une compagnie obtienne l'expropriation de ces terrains et emprunte pour les exploiter. Cette compagnie ne se présente-t-elle pas ? Que l'Etat prenne, à cet égard, l'attitude qu'il a prise pour la création des chemins de fer dans notre pays, où l'industrie ne sait pas encore s'engager, sans soutien, dans des voies non tracées ; que l'emprunt contracté à cet effet soit, au début, doté de quelques avantages : voilà le point de départ. A cette première combinaison, comme corollaire naturel, vient se joindre celle-ci : une autre portion de terrains beaucoup plus considérable, et que l'on peut évaluer au tiers du territoire au moins, reste improductive en tout ou partie, faute de moyens d'exploitation. Les propriétaires ou possesseurs de ce sol frappé d'impuissance ne salueraient-ils pas comme un bienfait la venue d'une entreprise ou d'une administration qui leur garantirait un revenu proportionné à la valeur réelle de leur immeuble ? Et le succès ne s'arréterait pas là. Il aurait bientôt atteint le degré ascensionnel de l'échelle, où l'exploitation rapporte plus qu'elle ne coûte. A ce degré déjà, l'opération se paie par elle-même, c'est-à-dire que le rapport peut couvrir la mise de fonds.

Mais là ne se borne pas l'opération. L'État ou ses ayant-cause, se faisant les fermiers-généraux du pays, peuvent seuls égaliser la condition relative du petit propriétaire et du grand. Voici de quelle manière : les baux ou abonnements qu'ils passeraient devraient, pour produire quelque effet, être de longue durée. La condition première de ces baux serait donc la durée. Ils devraient être faits à long terme, pour pouvoir servir de base à des opérations sérieuses et profitables. Sur chaque terme d'intérêts payés par trimestre, l'Etat prélèverait d'avance la quote proportionnée d'impôt afférente à chaque location. Dans cet acte de location, il pourrait être stipulé que, pendant toute la durée du bail, dix-huit ans par exemple, le chiffre de l'impôt resterait invariable. Cette condition seule déterminerait, à coup sûr, les propriétaires qui n'y auraient pas été décidés par d'autres considérations. Ce point étant obtenu, l'opération ne rencontre plus d'obstacles. En droit, elle est régulière, puisque les transactions restent parfaitement libres; en fait, elle vient au secours du pauvre, sans causer aucun préjudice au riche. Considérée comme opération financière, elle simplifie le mécanisme fiscal, en facilitant la rentrée de l'impôt; au point de vue administratif, elle combine les intérêts de manière à faire résulter la fortune publique de la satisfaction et du bien-être individuel. Enfin, elle fait reposer le crédit public sur la bonne exploitation du sol national. Jamais combinaison plus simple, nous le répétons, et plus productive à la fois, n'a été proposée à l'appréciation du pays et du Gouvernement, qui le représente.

Ne voulant laisser aucun doute possible, nous irons audevant du seul argument spécieux qui pourrait être opposé à cette combinaison. Cet argument consiste à dire : Mais, avec un pareil système, que devient la propriété? La réponse est toute naturelle; la voici : La propriété reste ce qu'elle a toujours été; elle conserve toute sa liberté. Seulement, l'exploitation des héritages est assurée, leur location est garantie; et le monopole, si tant est qu'il puisse résulter de la mise en pratique de ce moyen, sort de mains qui en ont quelquefois abusé, pour passer dans les mains de l'Etat, intéressé à le réglementer. Les fortunes scandaleuses, qui en furent souvent le résultat, disparaissent devant une administration sage, modérée, ayant l'intuition des intérêts publics, intéressée elle-même à les sauvegarder et à les garantir.

Nous avons voulu donner un aperçu de l'ensemble du projet, afin qu'à la première vue on pût parfaitement voir où nous voulons aller. Mais, qui garantira qu'on n'ira pas plus loin ? Si l'on était arrêté par cette objection, on n'entreprendrait jamais rien de nouveau. Quelle doctrine nouvelle n'a pas provoqué des doutes ? Les modifications les plus naturelles ont éprouvé le même sort. Ce qui ne peut être révoqué en doute par personne, c'est qu'il ne soit urgent de sortir de l'ornière dans laquelle l'agriculture a été oubliée, alors que l'industrie a pris un essor nouveau. Les mettre en harmonie, leur donner toute la portée qu'elles doivent atteindre, leur faire rendre tous les fruits qu'elles peuvent produire l'une par l'autre, et, sur cette base sûre et durable, asseoir la fortune publique ; tel est le but que nous voulons atteindre et non dépasser....

IV.

L'ASSOCIATION.

Il y a des expressions sur la signification desquelles on n'est pas d'accord, et dont on se sert sans en calculer la portée exacte. Prenons pour exemple le mot *association*, en tant qu'on l'applique à l'économie sociale. Il est donc utile de s'entendre sur cette expression, afin d'éviter toute méprise, toute fausse interprétation, qui se traduise par un désordre.

L'association politique est le corollaire de la démocratie ; l'une découle inévitablement de l'autre : c'est la force de cohésion obtenue de la réunion de plusieurs, pour suppléer à la force unique résidant en un seul, comme l'oligarchie est la division du pouvoir monarchique. Les Gouvernements monarchiques, démocratiques, oligarchiques, peuvent tous fonctionner utilement pour la société ; l'important, c'est qu'ils soient d'accord avec leur principe. Or, la division étant le principe de la démocratie, il en résulte que rien de grand ni d'important ne peut être entrepris sous ce régime sans la réunion de plusieurs. Ce principe étant d'une logique irréfutable, l'application de ses conséquences ne paraît pas cependant prendre sa place dans l'ordre des faits contemporains. Nous en avons reconnu la cause ; la voici. Régie, depuis le commencement de ce siècle , par une constitution démocratique , la France , après avoir , à diverses reprises , modifié cette constitution, est au fond resté aristocratique. L'aristocratie de l'argent a remplacé l'aristocatie de la naissance ; voilà tout. Mais le caractère de l'argent étant essentiellement mobile , il s'ensuit que ceux qui l'ont amassé à grand'peine le dépensent avec parcimonie ; ou que si les faveurs de la fortune se sont abattues sur eux comme un rayon de soleil , ils en sont tellement éblouis qu'ils ne savent ni ce qu'ils sont, ni ce qu'ils font...

Dans un pareil état de choses , on pense à faire fortune , à l'augmenter , quand elle est faite ; mais il n'y a place ni pour le sentiment patriotique , ni même pour l'esprit de corps. L'association du capital (la seule qui puisse quelque chose à une époque comme la nôtre) se porte vers le *capital*, sans autre instinct déterminant. Cette propension , qui met la fortune publique dans les mains de quelques spéculateurs , ne garantit en rien ni la sécurité publique , ni la prospérité individuelle. Il en résulte que la spéculation s'attache à des combinaisons chanceuses et illusoires , après avoir délaissé les entreprises naturelles et certaines. De toutes ces dernières , l'agriculture est celle qui offre le plus de garanties ; c'est cependant celle à laquelle on pense le moins. Il en résulte : 1° les crises alimentaires , à chaque retour périodique des années de *vaches maigres* ; 2° les crises monétaires, après tout échec ou perturbation qui a ébranlé la confiance ; 3° les crises industrielles , chaque fois qu'un excès de production , ou toute autre cause, a encombré le marché.

Ne serait-il pas temps de sortir de ce cercle vicieux dans lequel tourne l'économie sociale , et de lui donner une base solide , une marche assurée , en lui rendant l'agriculture pour pivot ? Logiquement et en principe , nous avons démontré comment l'exploitation agricole , ne recevant plus en France, ainsi que cela peut encore avoir lieu en d'autres parties de l'Europe, la force d'impulsion d'une classe privilégiée, incombait nécessairement à la charge de l'Etat, l'industrie faisant défaut, de son côté.

Mais nous allons entrer dans quelques détails pratiques, d'où ressortira la justesse absolue de notre assertion. S'il est un moyen de rappeler l'agriculture au niveau de l'industrie, en la faisant profiter des progrès de la science, c'est, à coup sûr, l'application des découvertes et procédés nouveaux de la mécanique. Cela est possible pour les grandes propriétés. Mais cherchez à appliquer les machines nouvelles (par l'association) aux petites, vous n'arriverez pas même à la commune ; vous serez arrêtés au canton, par l'impossibilité de régler l'emploi de ces instruments devenus indispensables dans un temps où les bras manquent, et où le prix de la journée d'homme n'est plus en harmonie avec celui du rendement terrier. Voilà pour la culture des céréales nécessaires à l'alimentation publique comme aux matières employées par l'industrie.

Mais examinons les procédés de pacage et d'herbageure qui concourent à créer le bétail dont la chair nourrit l'homme, et dont la toison et le cuir entretiennent l'industrie. La condition première de l'élève du bœuf, c'est son emploi au labourage. L'absence de cette condition rend son élevage onéreux. Eh bien, l'entretien périodique d'une charrue attelée seulement de deux bœufs exige cinq années d'attente, sans rendement ; plus la possession de douze bêtes de même espèce, d'âge et de sexes différents. Peut-on espérer rencontrer ces conditions chez le petit éleveur ? Y a-t-il lieu de penser que l'association les lui fournira ?

Jusqu'ici nous sommes restés dans les limites de la culture alimentaire. Mais si nous entrons dans le domaine de la culture industrielle, l'impuissance de l'individualité pauvre de tirer de la terre un rendement proportionné aux frais et aux peines qu'elle lui occasionne, devient encore plus évidente, comme ressort aussi, d'une manière plus frappante, l'impossibilité où serait, momentanément, l'association de lui venir en aide.

Mais, poursuivant le même raisonnement, appliquons ses déductions à l'une des branches les plus en retard de l'agriculture française, qui livre annuellement 25 millions de francs à l'importation. L'éducation du cheval de luxe, sait-on à quelle condition l'éleveur peut s'y livrer ? La voici : c'est que l'obtention d'un cheval *de tête* lui tiendra compte de trois chevaux ordinaires, sur lesquels il aura peu ou point gagné ; et de trois chevaux médiocres, sur lesquels il aura perdu. Que peut faire à cela l'exploitation, si elle n'a été préalablement réglementée et subventionnée par l'Etat ? Rien, absolument rien, que se perdre en efforts impuissants, ainsi que cela a eu lieu depuis que, cherchant à copier la constitution anglaise, nous arrivâmes à une révolution. Voulant imiter son industrie agricole, sans qu'un agent puissant remplace l'aristocratie foncière et assume le rôle qu'elle joue dans le mécanisme social de l'Angleterre, nous arriverons au déficit. Or, quel peut être cet agent, sinon l'Etat, tuteur de tous, seul privilégié héréditaire (moins quelques exceptions confirmant la règle) ? Plus tard, l'industrie et l'association y viendront d'elles-mêmes, s'étonnant de n'avoir pas aperçu la lumière. Mais ce temps n'est pas venu. Chaque enfance, celle des sociétés nouvelles ou régénérées, comme celle de l'individualité animée, sont soumises à une cécité native et primordiale. Il n'a pas été donné à l'homme de hâter naturellement la maturité des fruits de la terre ; mais il peut la préparer.

V.

L'ÉGALITÉ DU SOL.

Courier (Paul-Louis) a écrit cette phrase d'une haute portée : « S'il n'y avait plus que trois hommes dans le monde ,
» l'un d'eux se mettrait à genoux devant l'autre, l'appellerait
» Monseigneur ; et ils s'entendraient pour faire travailler le
» troisième... » Rêver, après cela, l'égalité réelle des citoyens serait une chimère. Saluons le principe inscrit en tête
de nos Codes ; mais renonçons à la stricte exécution du fait.
L'inégalité des hommes est la conséquence fatale de l'inégalité de leurs aptitudes. Il faut en prendre son parti. L'avenir
en cela doit reproduire le passé, quel que soit le degré de
perfectibilité auquel il lui soit donné d'atteindre. Mais un
progrès réalisable, accessible à la science économique, et
vers lequel elle doit tendre continuellement, c'est l'égalité
du sol, nécessaire à la richesse publique, indispensable au
bien-être général. Par égalité du sol, nous n'entendons pas
que les terrains de quatrième et de troisième ordre seront
amenés à produire autant que ceux de deuxième ou de premier. Ce serait une généreuse utopie semblable à l'égalité
individuelle, que nous avons appréciée en commençant. Ce
que nous demandons , parce que c'est un fait essentiellement

réalisable et éminemment social, c'est que l'intégralité du sol soit égalisée dans ses moyens d'exploitation ; ce qu; n'existe pas, car, il est facile de le reconnaître, à mesure que l'on descend l'échelle productive, le rendement proportionnel de la terre diminue, pour arriver, en définitive, à rien ; et c'est non-seulement une iniquité sociale, mais une négligence administrative, puisque l'Etat est intéressé à ce que toutes les parties du territoire produisent proportionnellement à leur valeur foncière.

Qu'on veuille bien réfléchir à ce grave sujet, sans idée préconçue, sans passion et sans crainte ; et l'on reconnaîtra que nous avons touché une des cordes les plus délicates et les plus importantes de l'organisme social. Refuser le principe, on ne peut y songer ; mais on voudra discuter l'exécution. Nous pensons avoir détruit d'avance, par ce qui précède, les objections qui pourraient être sérieusement faites. Mais, comme une idée neuve a besoin de rentrer plusieurs fois dans le creuset avant d'être admise à passer dans la pratique, nous y reviendrons encore.

Financièrement, l'application de l'idée émise ici augmenterait le produit de l'impôt foncier d'un huitième environ. Humanitairement, elle ferait, par degrés, disparaître le paupérisme. Economiquement, elle éloignerait le retour des crises alimentaires, et préviendrait les crises industrielles en ramenant vers l'agriculture, qui languit faute de capitaux, la spéculation qui s'égare dans le domaine de l'exagération. Socialement, l'harmonie renaîtrait par l'application de cette idée nouvelle, en les rendant solidaires les unes des autres, parmi les diverses classes de la société, qui, aujourd'hui, s'envient, si elles ne se détestent... Ceci vaut la peine qu'on y songe mûrement. Si c'est une innovation, nous la déclarons éminemment honnête et sage, et nous croyons son application utile et prudente dans les circonstances où se trouvent la France et l'Europe aujourd'hui.

Mais on dira encore : Pourquoi l'Etat, et le monopole ? Parce que nous sommes habitués à ce régime ; c'est la conséquence de notre Constitution et de nos mœurs. Rien de grand ne se fait chez nous sans l'intervention de l'Etat, parce que, seul, il est revêtu d'assez d'autorité et jouit d'assez de crédit pour innover. Le monopole n'est pas, d'ailleurs, chose nouvelle pour nous. N'avons-nous pas celui des postes, celui des tabacs, et autres? La Régie enfin, telle qu'elle s'exerce, n'est-elle pas plus rigoureuse que ne le serait la location amiable et facultative de terrains dont les propriétaires tirent peu ou point de fruit ?

Existe-t-il, d'ailleurs, un autre moyen de recouvrer cette valeur perdue, et de sortir de l'impasse? Qu'on l'indique, qu'on le proclame ; nous lui ferons place, et applaudirons de grand cœur à sa venue. Mais, jusque-là, on nous permettra de dire, non qu'il y a quelque chose à faire (personne ne le nie), mais que le plan développé par nous est utile et exécutable, attendant mieux...

Ce qu'il y a de pire, c'est le maintien d'un *statu quo* qui peut nous mener, de crise en crise, à un déficit certain, par cette seule raison que la terre, à laquelle on demande de supporter presque toute la charge de l'impôt, ne produit pas tout ce qu'elle peut produire, à côté d'une industrie (beaucoup moins imposée), qui emprunte au-delà de ce qu'elle peut payer. Cette organisation, encore une fois, est factice, et ne peut conduire à rien de sûr et de durable.

La France, moins engagée dans l'industrialisme, trouve encore une certaine force dans ses anciennes mœurs. Elle résistera plus longtemps ; mais elle finira par être entraînée par la trombe soulevée, dans un autre hémisphère, par des passions et des habitudes qui ne sont pas les nôtres.

A défaut de l'égalité devant l'industrie, qui n'est point entrée dans nos mœurs, qui n'y entrera peut-être jamais, nous demandons l'égalité du sol opérée par l'Etat, tuteur naturel de ceux qui ne jouissent pas de tous leurs droits. Obtenez que cette égalité soit faite à peu près, le pauvre n'a plus rien à reprocher au riche. Les causes d'émeute disparaissent, en intéressant la masse des citoyens à la bonne exploitation du territoire national, en rendant à l'agriculture (essentiellement régulière) l'ouvrier que les autres industries dérangent souvent des habitudes honnêtes. En un mot, si l'égalité civile est une satisfaction d'amour propre individuel, l'égalité du sol est une condition réelle et indispensable d'ordre social. Nous ne croyons pas devoir rien ajouter à ce sujet délicat ; il est des instincts qui se sentent, sans définition. Nous avons assez développé notre pensée pour la rendre compréhensible à l'économie publique, à laquelle elle appartient. Nous avons découvert une terre inculte; à d'autres la mission de l'exploiter. Il doit nous suffire d'avoir fait ressortir le *péril en la demeure*, d'une manière saisissable et incontestable...

VI.

LA BOURGEOISIE CONSIDÉRÉE COMME ARISTOCRATIE FINANCIÈRE.
— SON ACTION SUR LE MOUVEMENT INDUSTRIEL.

*« Qu'est-ce que le Tiers-Etat? Rien. — Que devrait-il être ?
» Tout... »*

Lorsque Sieyès lançait cet aphorisme qui eut tant de re-
tentissement , il entendait par Tiers-Etat la bourgeoisie lasse
de n'occuper que le troisième rang, alors qu'elle devenait
l'ordre le plus riche. Le peuple prit l'appel au sérieux ; il
crut qu'il s'agissait de lui. Mais, comme il n'avait pas d'organisation spéciale en-dehors de la bourgeoisie, en voulant faire ses
affaires lui-même , il fut égaré jusqu'à cet ordre (1) de choses
dont Marat fut l'expression. Le Directoire était déjà un retour
à l'oligarchie bourgeoise, couronnée en 1830, en la personne
du fils de Philippe-Egalité ; intronisation dont la grande vic-
toire du premier Empire retarda l'avénement (2).

____

(1) Ou désordre.

(2) Le règne de la bourgeoisie commença de fait le 13 février 1819,
malgré et peut-être à cause de la réaction dont un crime politique fut le
signal. L'événement de 1830 ne fit que consacrer la possession. Labour-
donnaie le comprenait en disant, à cette époque : *Quand je joue ma
tête, je veux tenir les cartes.* Il demandait l'autorisation d'arrêter les têtes

Cette excursion rétrospective dans l'histoire contemporaine était nécessaire au développement de la thèse que nous soutenons. Il s'agissait de prouver que si l'industrie a absorbé l'agriculture depuis l'établissement de l'ère nouvelle, la faute en fut à la bourgeoisie, devenue aristocratie d'argent, à la place de l'aristocratie terrière.

Les nouveaux aristocrates, dont les économistes de l'école de Necker furent les précurseurs, connaissaient trop la valeur de l'argent péniblement amassé, pour le placer dans l'exploitation du sol à 4 p. %, au plus, lorsque l'industrie leur en donnait 10 au moins. C'était bon pour des hommes qui, naissant riches, n'appréciaient le capital que comme moyen de bien-être pour les autres et d'honneur pour le pays, et étaient d'ailleurs élevés dans cette conviction innée que : *Noblesse oblige*. Aujourd'hui, l'ancienne noblesse, passée à l'état de souvenir, possède encore une partie du territoire ; la nouvelle, destituée de son gouvernement politique, influe néanmoins sur la situation financière par son capital. Il faut compter avec elles, à moins de vouloir rétrograder jusqu'à Marat, en passant par M. de Robespierre. Il y a quelque chose à faire, en présence de la monstrueuse inégalité du rendement agricole, qui ne trouve pas le capital nécessaire à l'exploitation du sol, tandis que l'industrie emprunte des sommes fabuleuses sur les bénéfices qu'*elle doit* réaliser. Et quand elle ne réalise pas ces bénéfices (ce qui lui arrive d'autant plus souvent qu'elle devient plus audacieuse et plus avide), alors la terre, qui est toujours là, reçoit le contre-coup ; et comme, en définitive, il faut prendre quelque part de quoi parer aux crises sociales, c'est sur elle qu'on retombe toujours. On envie le sort des propriétaires : c'est une ingratitude peu réfléchie. S'il est dans notre société nouvelle un rôle d'abnégation et de dévoûment, c'est le leur, à coup sûr.

Ce que nous venons de dire, une foule de bons esprits l'ont

---

principales du parti orléaniste. Cela se passait ainsi sous Louis XIII. C'eût été violent sous Charles X.

pensé. Ce grave sujet préoccupe les économistes et les Gouvernements, d'un bout de l'Europe à l'autre. Nous l'avons dit, la Russie fait étudier un projet d'exploitation générale du territoire. Une assemblée de Hambourg signale l'abandon de l'agriculture par les capitaux, pour se porter vers l'industrie, *comme inquiétant et dangereux*. La crise américaine n'a d'autre cause que la spéculation immodérée ; la crise anglaise fut le contre-coup de la crise des Etats-Unis, plus que le résultat de l'insurrection de l'Inde. L'épreuve est à peu près terminée. On s'en tirera cette fois ; mais il ne faudrait pas la voir se renouveler souvent. L'Europe, voire même la France, finiraient par y perdre le crédit, qui, chez nous, ne se relève pas des *catastrophes* aussi vite qu'en Amérique.

Nous avons adressé cet avertissement à la bourgeoisie considérée comme aristocratie financière, parce qu'elle tient la clef du marché, en raison du capital dont elle dispose. Ce nouveau cri d'alarme d'une crise nouvelle ne sera pas méconnu par qui dispose des avertissements effectifs. Si l'on se voit tous les jours obligé d'user de ce moyen contre une presse dont les écarts irréfléchis troublent la tranquillité, peut-être jugera-t-on opportun de l'employer contre les spéculateurs désordonnés qui compromettent la fortune publique. Aussi, prenant pour épigraphe la paraphrase de l'aphorisme qui ébranla notre pays et, par suite, l'Europe, à la fin du siècle dernier, nous ne dirons pas : *Le peuple doit être tout,* ce qui est un paradoxe ; car si le peuple était tout, il ne travaillerait pas, et son travail est nécessaire, comme l'argent de la bourgeoisie, à l'harmonie sociale. Mais nous publions hautement cet axiôme d'économie publique éminemment juste : *Les moyens relatifs et combinés de l'universalité des citoyens doivent converger vers l'agriculture, instituée pour l'aliment et le bien-être de tous, et pour la richesse réelle et durable de quelques-uns.*

CONCLUSION.

CONSIDÉRATIONS GÉNÉRALES.

Napoléon disait, en voyant les fautes commises par le Gouvernement des Bourbons nouvellement restauré : « *Ces gens-là n'ont rien appris, ni rien oublié...* » On peut appliquer la même sentence aux restaurateurs éphémères du régime républicain, en 1848. Ces honorables citoyens s'étaient *paisiblement* reportés au Directoire, lorsque la tempête de Juin est venue leur annoncer qu'on voulait remonter *plus haut* le fleuve du passé.

Le Gouvernement sorti de ces commotions a prouvé qu'il savait profiter des leçons de l'expérience. C'est justice que de le reconnaître. Il semble que la Providence ait disposé les choses, ait préparé les voies pour que la seconde partie de l'Empire pût réaliser les hautes conceptions de la première. Elle a voulu que le Prince chargé de présider au mouvement économique d'une époque que l'on peut appeler *de réalisation,* fût préparé, par les jours d'adversité et d'épreuve de sa jeunesse, à la direction d'institutions sociales dont il a pu interroger d'en-bas le fonctionnement et les effets. Le règne actuel est un règne d'application. Que de problèmes réputés insolubles ont été réalisés par lui ! Que de nœuds

gordiens il a tranchés, dans lesquels les Gouvernements pré-
cédents s'étaient embarrassés! Reculera-t-il devant le symp-
tôme le plus grave de sa situation? Ses réformes accomplies,
ses créations effectuées ne permettent pas de le craindre. Les
deux crises qu'il vient de subir, la crise alimentaire et la
crise monétaire, lui ont prouvé l'existence de ce mal. L'agriculture ne rend pas assez; la spéculation embrasse trop.

Tel est le dilemne, ou plutôt le double aphorisme auquel
il faut pourvoir dans cette situation, s'aggravant périodique-
ment par elle-même. Nous n'avons pas la prétention de faire
la lumière à qui voit de haut, mais seulement de suppléer aux
réponses attendues des Commissions de statistique, en met-
tant à découvert les plaies et les vices inhérents aux profon-
deurs dans lesquelles le jour ne pénètre pas.

Si l'on nous accuse de faire du *socialisme*, nous répondons
d'avance que c'est sans le vouloir, peut-être même sans le
savoir. En présence d'une contagion, venue, par réaction, de
l'autre monde, à laquelle la médecine ordinaire ne fait rien,
nous avons, imitant une école nouvelle, demandé l'élément
curatif aux *simples* les plus oubliés, voire même aux principes
nouveaux, auxquels, à tort ou à raison, on suppose une action
vénéneuse. C'est de l'homéopathie sociale; voilà tout. Notre
époque fuit les complications pharmaceutiques; elle a hor-
reur des *breuvages amers*. Il faut donc lui administrer le *glo-
bule* sous le plus petit volume possible. Cette considération
explique la forme légère de ce travail, tenant plus du pam-
phlet que d'un grave traité d'économie publique. Mais la première condition pour un écrivain est de se faire lire. Aujour-
d'hui, on ne lit que pour s'amuser, quand ce n'est pas pour
gagner de l'argent. — Si nous n'avons pas instruit, nous
avons au moins la conscience de n'avoir pas ennuyé. C'est une
justice que beaucoup d'économistes ne pourraient se rendre.
Personne, d'ailleurs, nous l'espérons, ne regrettera ni les dix
décimes, ni les dix minutes qu'il nous aura accordés,
dans un moment où le temps est un capital et où le capital
est tout, avec bien plus de certitude que n'en aura jamais *le
Tiers-Etat*, ni personne....

Nous avons débuté par la proposition affirmative de l'état morbide de la société. Nous avons dit : Le mal qui la tourmente remonte à la fin du siècle dernier. Le remède *énergique* qui lui fut appliqué alors, ne l'a pas guérie ; telle est la seconde proposition. Selon un écrivain dont les œuvres ont fait époque (1), *la France, folle d'égalité, de liberté, se soucie peu....* L'expérience a donné raison deux fois, en un demi-siècle, à cette assertion, puisque deux fois mis en possession *absolue* de nos droits pendant cette période, deux fois nous avons abdiqué entre les mains d'un Pouvoir également absolu.—Nous voulons l'égalité ; nous l'avons. Mais les habitudes, se traduisant par des faits, sont en désaccord complet avec le droit. Le premier résultat de l'égalité civile est d'enfanter le *mercantilisme ;* le second, d'établir, par le fait même du commerce prospère, une aristocratie d'argent, ayant les inconvénients de l'aristocratie de naissance, sans offrir, comme cette dernière, quelques compensations. Et, chose digne de remarque, cet inconvénient augmente en raison directe et en proportion de la prospérité publique, comme il arrive chez ces tempéraments qui sont d'autant plus voisins d'une crise, que leur sang a acquis une plus grande richesse. (Témoins les époques de 1830 et 1848.)

Le résultat immédiat du mercantilisme (de l'industrialisme, si l'on veut relever la question), est de détourner les capitaux de l'agriculture ; et c'est là l'inconvénient le plus grave de l'aristocratie financière, substituée à l'ancienne noblesse, qui, par sa nature, était essentiellement *terrière.* —De cet inconvénient naissent inévitablement les crises alimentaires, par l'insuffisance d'exploitation et le défaut de production agricole ; les crises monétaires, par l'exagération de la spéculation et l'abus du crédit, et, par suite, le retrait du crédit trompé....

Est-ce à dire que, pour arriver à la réalisation de l'égalité industrielle, il faille arrêter l'essor de l'industrie, le dévelop-

---

(1) Chateaubriand.

pement de la prospérité commerciale? Non, au contraire. Mais il faut les faire profiter au bien-être des masses et à l'harmonie sociale (ce qui n'a pas lieu en l'état présent). Tel est le point douloureux et le siége du mal qu'il s'agit de guérir, non pas homéopathiquement, par l'esprit de caste, les rivalités, la haine et l'envie qui en sont la suite; mais en ramenant l'homogénéité et la conciliation par la concordance et la mutualité des états, en créant l'égalité réelle de l'industrie et du sol à la place de l'égalité des citoyens, laquelle ne sera jamais qu'une généreuse utopie sociale. Nous invoquons l'intervention provisoire de l'Etat, parce que l'expérience nous l'a présentée comme indispensable. L'établissement des chemins de fer, dû à son intelligente initiative, nous paraît être un précédent qui garantit le succès de l'organisation de *l'exploitation agricole par le crédit public*, et du crédit public basé sur l'exploitation agricole; système de mutualité des plus simples sur lequel nous appelons l'attention du Gouvernement, aujourd'hui seulement, parce que lui seul, depuis la régénération de nos lois civiles, se trouve en situation d'accomplir cette œuvre immense, mais nécessaire, de *mettre nos mœurs sociales d'accord avec elles;* évitant ainsi à l'avenir ces commotions qui retentissent jusqu'aux derniers degrés de la société, ces crises dont souffre l'ensemble, et dont la propriété, en définitive, paie les frais.